Stefan Wolfschütz (Hg.)

Mitten ins Gesicht

Haiku aus dem Krieg 1914-1918

Gesammelt und erstellt von Dominique Chipot
Aus dem Französischen übersetzt
von Klaus-Dieter Wirth

Impressum

Bibliografische Information der Deutschen Nationalbi-bliothek: Die Deutsche Nationalbibliothek verzeichnet diese Publikation in der Deutschen Nationalbibliogra-fie; detaillierte bibliografische Daten sind im Internet über dnb.dnb.de abrufbar.
Die Originalausgabe ist erschienen in der Éditions Bruno Doucey: En pleine figure. Haïku de la guerre 14-18. Anthologie établie par Dominique Chipot. Préface Jean Rouaud. 2013.

Herstellung und Verlag:
BoD – Books on Demand, Norderstedt
Coverfoto: © Makrodepecher, pixelio.de
Satz, Grafik und Design:
Stefan Wolfschütz – HAIKU24.DE
ISBN: 9783743134294

Inhaltsverzeichnis

Vorwort des deutschen Herausgebers

Die vorliegende Anthologie ist ein außergewöhnliches Zeitdokument. So wie 100 Jahre später, heute, das Zeitgeschehen in der kürzest möglichen Form getwittert wird, so haben damals junge, französische Intellektuelle, mitten im Kriegsgefecht, die ihnen kürzest mögliche Form verwendet, um das Unfassbare, grauenhafte Geschehen eines menschenverachtenden Krieges zu dokumentieren. Überraschenderweise haben sie dabei die erst kurz zuvor, gegen Ende des 19. Jahrhunderts, eingewanderte Form der Haiku-Dichtung benutzt.

Auch wenn die Form nicht allen angestammten Regeln der Haiku-Dichtung folgt, so sind die Gedichtminiaturen aus dem Krieg Anfang der zwanziger Jahre als anerkannte, französische Haiku in den dortigen Literaturzeitschriften erschienen. Ein Phänomen, das vor Augen führt, wieviel es noch aus jenen dunklen Zeiten der ersten Hälfte des 20. Jahrhunderts zu entdecken gibt. Erschütternd ist es, dabei zu erkennen, welch kultureller Reichtum in den Orten und in den Köpfen der Menschen gnadenlos zerbombt, vernichtet und begraben wurde.

Die Haiku aus dem Weltkrieg 1914-1918 konnten nur entstehen, weil ihre Verfasser durch einen Geist inspiriert gewesen sind, der Ende des 19. Jahrhunderts begann, die Welt in ein anderes Licht zu tauchen. Das Licht eines Vincent van Gogh, Claude Monnet oder Paul Gauguin. Doch dann zog die Welt dem Licht die Finsternis vor, als mächtige Männer blühende Wiesen und Felder in Schlachthöfe verwandelt. Man setzte Errungenschaften menschlicher Erkenntnis ein, um das Töten zu perfektionieren. Die Haiku von *Mitten ins Gesicht* spiegeln wider, was millionenfach in den Schützengräben dieses Krieges an Leib und Seele ertragen werden musste.

Heute, wo ich dieses Vorwort schreibe, hat Deutschland Brasilien in der Fußballweltmeisterschaft mit 7:1 besiegt. Was für ein Jubel. In der gleichen Stunde fliegen Raketen aus dem Gazastreifen in Richtung Tel Aviv und steigen israelische Bomber auf, um ihre tödliche Fracht in Palästina abzuwerfen. Was für ein Grauen. Schon wieder fällt das Wort vom Flächenbrand. Darf das wirklich sein? *Mitten ins Gesicht* lässt nur eine Antwort gelten und ich hoffe, dass diese Antwort zur Maxime des Handelns auf allen Seiten wird:

> Und dir, ja dir widme ich,
> Mit der innigen Liebe des Älteren,
> Diese Erinnerungen an unsere Qualen.
> *Julien Vocance*

Stefan Wolfschütz
8. Juli 2014

Vorwort der französischen Ausgabe

Blitzlichter des Krieges

Wenn man sich auf das Spiel mit Entsprechungen einließe und das in Betracht zöge, was sein Wesen ausmacht, nämlich seine Kürze, seine Effizienz, würde man das Haiku eher mit einem Blitzkrieg assoziieren, zumindest mit einem Scharmützel, so wie Froissart diese räuberischen Übergriffe auf ein Schloss oder eine Pilgergruppe genannt hatte, was, auf Bashô übertragen, etwa ergeben hätte:

> Ein Trupp von Strauchdieben,
> Aber in ihren Quersäcken
> Nichts als Gebete.

Aber nichts war weniger blitzartig als der Erste Weltkrieg. Die Daten bestätigen es, 14-18, man braucht nur zu subtrahieren, ein Blitzkrieg von vier Jahren, das nennt man wohl eher Steckenbleiben. Und das ist übrigens genau das Bild, das man von diesen eingegrabenen Körpern vor Augen hat, die im wahrsten Sinne des Wortes im Untergrund lebten, es vermieden, die Nase hinauszustrecken, weil sie sonst das Ziel eines Einzelschützen geworden wären und nur auf den brutalen Befehl warteten, der sie aus dem Schützengraben treiben würde für nichts anderes als einen Bodengewinn von etwa zehn Metern und ein sinnloses Blutbad.

Es ist bekannt, dass dieser Konflikt eine beträchtliche Romanproduktion ausgelöst hat. In der Tat scheint der Roman mit seinem größeren Umfang geeigneter zu sein, von diesem lang andauernden Gemetzel zu berichten, das Millionen von Menschen eines Kontinents verschlungen hat. Den Ersten Weltkrieg in einem Haiku festhalten zu wollen, liefe auf dasselbe hinaus wie den ganzen Ozean in einen Fingerhut zu gießen; umso mehr als sich das Haiku nie mit dem Krieg beschäftigt hat. Sein Bemühen geht dahin, in siebzehn Silben zugleich das Dauerhafte und das Vergängliche der Dinge zu erfassen; im zyklischen Ablauf der Welt dieses winzige Ereignis einzufangen, das einen Sprung im Kontinuum darstellt. Vogeltrittspuren auf einer feuchten Terrasse, eine Rübe, die von einem Bauern geschwenkt wird, um damit den Weg zu weisen.

Nun ja, der Krieg ist schon ein gewaltiger Einschnitt. Hier stellt sich die Summe der Tragödien so dar, dass man die Brutalität und das Leid nicht einfach mit einem verhaltenen Seufzer wegwischen kann, wie es Buson tat, als er sich den Tod seiner Tochter in Erinnerung brachte. Um nicht als gefühllose Unmenschen dazustehen, mussten sich die Dichter vielmehr eines Vokabulars bedienen, das sich schonungslos von dem eines japanischen Haiku freimachte: von „Barmherzigkeit", „Wunder", „Verzeihen" und dieses „ach, leider", die auf Racine und Du Bellay verweisen:

Kameraden, Brüder,
Wir haben genug gelitten …
Ach! Ihr siegt schon ohne mich.

Unbekannt sind den japanischen Meistern auch moralische Urteile (Wie man das Verbrechen schönfärbt), poetische Effekte (In einem Traumdschungel) und offensichtliches Japanisieren (Dieser kleine Granateinschlag / Der vor der Tür Halt gemacht hat / Warum hat er nicht gewagt einzutreten).

Vergessen wir also das Haiku und halten fest, dass die Dichter gedacht haben, dass gerade eine minimale Form ein gewichtiges Wort mitzureden hat bei der Rekonstruktion des Schreckens. Die Fotografie war damals noch schwerfällig, unhandlich mit ihren Glasplatten und ließ noch keine Kriegsreportage zu. Diese Mikrogedichte ersetzen so das Klick-Klack, die kleinen Vorfälle, die das Hirn festhält und in nur wenigen Worten zupasst. Sie liefern uns Momentaufnahmen, an denen epische Vorhaben in dem Bemühen, sich auf den geschichtlichen Anspruch einzustellen, gescheitert wären. Diese Schnappschüsse, das, wovon sie berichten, findet man nirgendwo sonst. Zum Beispiel diesen:

> An der Schwelle der Banken
> Ersetzt man die Schwarzen
> Durch weiße Frontkämpfer.

Wo man zwei Dinge erfährt: einmal, dass die „Schwarzen" - damals die offizielle Bezeichnung - nicht für vertrauenswürdig genug erachtet wurden, um das Geld der Franzosen zu bewachen, was uns an den Augenblick der Befreiung von Paris erinnert, an das Ende des Zweiten Weltkrieges, als General Leclerc, dessen 2. Panzerdivision sich überwiegend aus senegalesischen und maghrebinischen Schützen zusammensetzte, auf den Gedanken kam, um eben eine gute Figur zu machen, beim Einmarsch in die Hauptstadt ein Bataillon zu präsentieren, das nur aus weißen Soldaten bestand. Paris befreit, aber von echten Franzosen – und zum anderen, dass man sie nicht als die eigentlichen „Frontkämpfer" ansehen sollte. Für uns ist nämlich ein „Frontkämpfer" der Soldat des Ersten Weltkrieges. Ja, allerdings von einer Nuance abgesehen: ein „Frontkämpfer", so was lädt und schießt, ist versehrt, stirbt, ist aber weiß. Noch eine Gelegenheit, daran zu erinnern, dass man beim ersten Gasangriff ein Regiment Marokkaner mit einem Taschentuch vor der Nase zum Gegenangriff durch die Senfgaswolke schickte.

Eine weitere Momentaufnahme aus der Kampfzone:

Zwei Erdwälle,
Zwei Drahtgeflechte:
Zwei Zivilisationen.

Die zwei Zivilisationen stellen letztlich zwar nur eine dar, doch die Deutschen hielten ihre Schützengräben in Ordnung, bauten ihre Bunker massiv aus. Für sie handelte es sich um eine feste Einrichtung, ein Zeichen von territorialer Besitznahme, einer neuen Grenze, während es auf der anderen Seite, wo man das verlorengegangene Land zurückzuerobern hoffte, darum ging, nicht das Gefühl aufkommen zu lassen, dass diese Situation fortdauern könnte. Und so erklärt sich dieses Provisorium an französischen Verteidigungslinien, Bretterverschlägen und schlecht gesicherten Aufschüttungen. Diese Art Provisorium kostete das Leben von Tausenden von Männern. Und nicht nur Männern.

In den Wirbeln
Des schlecht vergrabenen Pferdes
Macht mein Fuß: Flosch ...

Jean Rouaud

Anonyme

Sie schlafen, erschöpft
Alarm:
Beschuss, wir liegen unter Beschuss!

Kampfabend
in der Ferne die Kanonen …
Ganz nah die Verwundeten.

---

1. bis 3. Unveröffentlichte Texte, wiedergefunden auf einem undatierten Blatt in der Korrespondenz von René Maublanc.

4. Ein von Jules Romains in *Die Humanität* (L'Humanité) vom 3. 1. 1921 mit dem Vermerk *Ein Amateur aus Reims – Dezember 1920* zitierter Text.

Nachtangriff;
Schießt! Schießt doch endlich!
in den Haufen ...

Es schneit immer noch – noch ein Haikai!
Die Erde hat die Körper zugedeckt.
Der Schnee will die Ruinen verdecken.

Jean Baucomont

Du verfluchst den Krieg;
Aber kaum ertönen die Signale
Folgst du ihrem Ruf.

Text erschienen in der *Französisch-Japanischen Zeitschrift* (Revue franco-nipponne), Nr. 7, Mai-Juni 1928.

Maurice Betz
Kleine Kriegssuite

1

Ich habe eine Wolke, die sich in einem Tümpel fortbewegte
Angeschrieen: Halt, wer da?
Doch sie war schon weg.

2

He da, du meine traumfarbene Pfeife,
Meine zarte Pfeife,
Welch unsolide Bilder, mein Bruderherz!

3

Hörst du das helle Aneinanderklacken der Flaschen in den Kisten?
Die ganze Champagne klingt darin wider
Alles QbA[1], was wir da aufziehen.

Texte entnommen: *Tabakfeinschnitt für Truppen* (Scaferlati pour troupes), Verlag A. Messein , 1921.

[1] Kürzel für „Qualitätswein bestimmter Anbaugebiete"

4

Der Norden voller rosa Blitze,
Purpurn der Antwortchor vom Ost,
Wer von den beiden bringt heute uns das Morgenrot?

5

Dieser Waldbogen da gleicht
Der geschwungenen Braue meiner Freundin.
Ob ich's wage, ihn durch Granaten zu entstellen?

6

Ferner Trab der Artillerien.
Zwischen den Bäumen leuchtet eine Schmiede auf.
Oh, sanfter Regen!

7

Graugelb gefleckt die Ebene,
Ein Vlies mit kahlen Stellen
Wo die LKWs die Motten sind.

8

Wie wir doch lachten! (Erinnerst du dich noch?) Und schwatzten.
(Wlang, hörst du?)
Ah! werden wir uns jemals wieder mit diesem Landwein besaufen
In der weißen und warmen Stube an einem regnerischen Abend?

9

Ruhige Nacht, wolkenloser Himmel.
Ich stecke mein Bajonett wieder in die Scheide
Und schiebe meine Wache, Mondschein.

10

Die bleichen Planen der Wagen sind grüner
als das zertretene Gras.
Zwei verkohlte Bäume winken sich zu.

11

Ein Granattrichter
Hat in seinem Wasser
Den ganzen Himmel aufbewahrt.

12

Die Ebene ist immens. Die Nacht steigt auf in einer Wolke.
Eine Windmühle mit nur einem Flügel, achtlos und schwarz,
Facht das Feuer des Sonnenuntergangs an.

13

Unter den schwarzen und weißen Flocken, die der Himmel ausspuckt,
Kreuzen sich zwei gelbe Vögel
Wie zwei Segel.

14

Montmartre, deine Lichter, deine Frauen
Mit ihren sanften, warmen Beinen …
Seit gestern prasselt der Regen auf mein Zelt.

15

Wenn ich mit dem Kopf an mein Blechdach stoße,
Lässt das Donnern von Calchas
Die Spatzen auffliegen.

16

Lichtschein – Abschuss – Aufblitzen – Krepieren.
Und wieder schließt sich schwarz die Nacht.
Ein Galopp erstarb auf der Straße.

17

Dreimal in dieser Nacht haben die Eichen des Königsforsts
Ihre Äste geschüttelt, ganz lässig
Unter den Feuerstößen.

18

Wachende. Morgendämmerung löscht die letzten Sterne.
Ich sitze da, den Karabiner auf den Knien,
Pfeif leise vor mich hin zum Ruhm der Sonne.

Jean Breton

Die weiße Schwester hat mich fest angeschaut.
Oh je! Noch einer:
Da müssen wir wohl der Familie schreiben.

Wir öffnen ihn also. Ah! Seine Eingeweide dampfen
Herrgott der Schlachten,
Das also ist dein schauriger Weihrauch.

Am bleichen Himmel
Diese Schrapnellflocke[1]?
Oh, Pardon! Du bist's, sanfter Mond.

Wahrscheinlich unveröffentlichte Texte, entdeckt im Archiv von René Maublanc.

[1] Oder *Shrapnel* nach dem Namen seines Erfinders: eine Granate, die bei der Explosion Kugeln freisetzt.

André Cuisenier

Die Flamme war hoch
Von dem, den ich verlor:
Ich wärme mich immer noch daran.

Wenn sie zusammenkommen
Sind die Abwesenden da
Und die Toten erwachen zu neuem Leben.

Wenn du von Fleury[1] vorbeikommst,
Bete für meine Straßen und Bäume
An meinem leeren Platz.

---

1. Ein Text, der in dem folgenden Artikel von René Maublanc veröffentlicht wurde: Eine japanologische Bewegung in der zeitgenössischen Literatur: das französische Hai-kai (Un mouvement japonisant dans la littérature contemporaine: le haï-kaï français), und zwar in *Die Große Zeitschrift (La Grande Revue)*, Februar-März 1923.
2. Ein in der Zeitschrift *Die Garbe (La Gerbe)*, Nr. 28, Januar 1921 veröffentlichter Text,
3. Ein aus dem Jahre 1921 datierter Text, veröffentlicht in *Das französische Haikai (Le Haïkaï français)*, Biographie und Anthologie von René Maublanc, Zeitschrift *Die Weinrebe (Le Pampre)*, Nr. 10-11, Mai 1923.

[1] Berühmter Wallfahrtsort im Département Loiret (Orléans).

Henri Druart

Seite an Seite mit dem Winter
Zwei Stacheldrahtverhaue;
Im Mai, der eine mit Weißdorn verziert.

Ein am 1. Mai 1923 datierter Text, veröffentlicht in *Das französische Haikai* (Le Haïkaï français), Biographie und Anthologie von René Maublanc, Zeitschrift *Die Weinrebe* (Le Pampre), Nr. 10-11, Mai 1923.

René Druart

Aus der Böschung ragendes Eisengeländer,
Ich erkenne dich wieder. Du zeugst davon,
Dass hier unser Haus stand.

Berry-au-Bac, 1922

Hinter dem Friedhof
Senkt eine Windmühle
Ihr großes Kreuz.

Chemin des Dames, 1922

Von Vailly bis Craonne
Ist Der Weg der Damen
Mit Schädeln gepflastert.

Chemin des Dames

---

1. bis 3. Texte, die veröffentlicht wurden in *Das französische Haikai* (Le Haïkaï français), Biographie und Anthologie von René Maublanc, Zeitschrift *Die Weinrebe* (Le Pampre), Nr. 10-11, Mai 1923.
4. und folgende. Textauszüge der Serie Verwüstete Landschaften (Paysages dévastés) in Der Haikai-Aufspießer (L'Épingleur de haïkaï), Weinrebenverlag (Éditions du Pampre) 1929.

An der Stelle der Glocken
Zwei Granathülsen aus Kupfer,
Arme Sonntagsstimme.

Saint-Gilles, nahe Fismes, 1922[1]

Sie waren zu sechst im Keller.
Man weiß, dass sie noch dort sind.
Aber wo ist der Keller?

Berry-au-Bac

Opas erste Sorge
Bei der Rückkehr ins Dorf:
Wieder eine Vogelscheuche aufstellen!

Craonnelle

---

[1]Dieses Haiku wurde später in einer eher prosaischen Version veröffentlicht (s. Seite 30).

Auf einem Trümmerfeld
Die Maschinen der Zuckerfabrik,
Nackt und krumm wie Verdammte.

Berry-au-Bac

Gleich nach dem Zuschlag macht sich der Ersteigerer unerschrocken
An das Schließen der Grab- und Minenlöcher
Noch zwischen den Beinen des Räumkommandos[1].

Chauffour, nahe Loivre

Mit dem Hinterteil in der Luft
Wiederholen sieben oder acht Tanks
Ihre Clownnummer.

Ferme du Choléra

---

[1]Es handelt sich um eine Nachkriegssituation, in der man Gemeindeland ersteigern konnte. Bei Loivre gab es einen Militärfriedhof, der später verlegt wurde.

Er war achtzig.
Um ihn mit dem Karren fortzubringen,
Musste man ihn fesseln.

Chenay

Unterstände aus Wellblech,
Nicht mehr an den Krieg gedacht.
Aber der Wind vergisst sie nicht!

Châlons-sur-Vesle

Barmherzigkeit des Aprils!
Die Stacheldrahtverhaue
Mit Heckenrosen zugedeckt!

Prouilly

Wenn die Männer zurückkommen,
Ist die alte Ulme,
Die auf sie wartete, schon tot.

Les Maretz

Mit ihrem zittrigen Stimmchen
Rufen zwei kupferne Granathülsen, zu Glocken befördert,
Zur Messe.

Saint-Gilles

Von Granaten zerstückelt,
Kriecht die weiße Schlange der Straße
Über eine neue Piste.

Loivre

Auf der Luke eines Lastkahns,
Gesunken in dem kleinen Hafen,
Singt ein Buchfink.

La Neuvillette

In den zerfetzten Bäumen,
Oh, Wunder!
Ein Halleluja von Vögeln!

Ufersaum des Kanals von Sillery

Schützengräben, die die Straße durchschneiden.
Ich, mit meinem Rad auf der Schulter,
Überquere sie, ein verspäteter Held.

La Bertonnerie

Roger Gilbert-Lecomte

Die Kathedrale[1] in Nebelschleiern:
Eine Sphinx mit zwei Köpfen, gekauert
Wie in einem Traumdschungel.

Ein vom Januar 1923 datierter Text, veröffentlicht in *Das französische Haikai* (Le Haïkaï français), Biographie und Anthologie von René Maublanc, Zeitschrift *Die Weinrebe* (Le Pampre), Nr. 10-11, Mai 1923.

[1]Bezug ist die von deutschen Bomben und Artilleriebeschuss stark beschädigte Kathedrale von Reims. Vgl.: S. 49 und 73.

Maurice Gobin

Feuerstöße knattern.
Plötzliche Stille.
Der Ruf des Rebhuhns!

Begraben von der Granate,
Hören, fern, schreien:
Er ist tot!

Man liest ihn sterbend auf,
Und der Stabsarzt sagt: „Der ist erledigt!"
Da öffnen sich seine Lider!

---

1. Ein Text, der in dem folgenden Artikel von René Maublanc veröffentlicht wurde: *Eine japanologische Bewegung in der zeitgenössischen Literatur: das französische Hai-kai* (Un mouvement japonisant dans la littérature contemporaine: le haï-kaï français), und zwar in *Die Große Zeitschrift* (La Grande Revue), Februar-März 1923.
2. und 3. Von 1921 datierte Texte, veröffentlicht in *Das französische Haikai* (Le Haïkaï français), Biographie und Anthologie von René Maublanc, Zeitschrift *Die Weinrebe* (Le Pampre), Nr. 10-11, Mai 1923.

Marc-Adolphe Guégan

Der Säbel

Ein Kunstwerk, der Knauf
Dieses stolzen Säbels.
Wie man doch Verbrechen schönfärbt!

Das Gewehr

Blick durch Kimme und Korn.
Blick von der brünetten Schönen.
Fatal vom Blitz getroffen.

Der Feldbecher

Feldbecher in Form einer Almosenschale.
Armseliges Abzeichen
Bettler des Ruhms.

Textauszüge aus … *Drei kleine Runden und dann sind sie weg* … (Trois petits tours et puis s'en vont …), Verlag A. Messein, 1924.

Die Feldflasche

Der Mann platzt auf und verliert seine Eingeweide.
Die Feldflasche zerbirst und verliert ihren Wein.
Bis zum Ende diese Kumpanei.

Die Kanone

Teleskop, das das Schicksal
In den Sternen liest,
Von seinen nächsten Opfern.

Fortschritt

Man tötet aus der Entfernung.
Keine blutigen Hände mehr.
Der Krieg ist sehr sauber.

Belohnung

Als er starb, hat sein Blut
zwei leuchtende Tressen an seinen Ärmeln angebracht.
Nun war er's also, Gefreiter!

Erkältung

Im kalten Nord
Niest die Granate.
Möge Gott sie verfluchen!

Erbarmen

Von Angesicht zu Angesicht massakrierten sie sich
Und lernten sie erst, als sie fielen, kennen
Die brüderliche Umarmung.

Grausamkeit

Granate voller Hass.
Sie will noch mehr töten, ihn,
Diesen Tod, der sie verhöhnt.

Reportage

Der Sterbende schrie: Mama!
Weiter hinten hat der Journalist
„Es lebe Frankreich!“ gehört.

Der Purzelbaum

Als die Granate ihn zum Tanz aufforderte,
War er sehr flink dabei
Und ganz aufgekratzt zu sterben.

Überleben

Ist es ein letzter Gedanke,
Der sich da in seinem Auge regt?
Nein. Es ist die erste Made.

Testament

An seiner zerfetzten Brust
Erscheint anstelle der Seele
Das Bild eines blonden Töchterchens.

Die Kornblume

Zu empfindlicher Soldat.
Die Granate beschimpft ihn.
Sein Gesicht wird purpurrot.

Beileidsbezeugungen

Sein Fleisch war rosig und warm.
Jetzt ist es grün und kalt.
Ein Leichnam, dem die Flöhe nachtrauern.

Friedhof

Kleines Kreuz. Inschrift.
Hier ruht der Soldat Einfaltspinsel.
Er starb, um ungezwungen zu leben.

Vaterschaft

Ein hehrer Vater.
Er gab dem Land seinen Sohn.
Hatte er vor, ihn zu verkaufen?

Knechtschaft

Kanone ohne den Menschen harmlos.
Warum also erzittern, meine Liebe?
Wir sind's, die sie schlecht machen.

Das Hoheitszeichen

Steht stramm vor dieser Fahne.
Man hat sie eingekauft
Neulich in meinem Kramladen.

An seine Mutter

Das bleiche Blut eurer Tränen
Bietet sich vergeblich an
Für die roten Tränen seines Blutes.

B. Hirami

Das Feuer knistert,
Die Grille zirpt im Kamin.
Friede nach Krieg.

Vor Kälte zitternder Vogel,
Federbällchen auf dem Dach,
Sinnt nach über das heimgegangene Nest.

---

1. Wahrscheinlich unveröffentlichter Text, datiert von 1923, entdeckt in der Korrespondenz von René Maublanc.
2. Ein von 1923 datierter Text, veröffentlicht in *Das französische Haikai* (Le Haïkaï français), Biographie und Anthologie von René Maublanc, Zeitschrift *Die Weinrebe* (Le Pampre), Nr. 10-11, Mai 1923.

René Maublanc

Ich werde nicht zum Friedhof gehen
Ich suche die Erinnerung an ihn
Und nicht seine Leiche auf.

Sein Zimmer ist´s,
Wo seine Seele noch umherschwebt,
Sein wahres Grab.

Der Klang seiner Stimme
Ist nicht mehr in meinem Ohr;
Bin ich dabei zu vergessen – schon?

---

1. bis 4. Texte, die veröffentlicht wurden in René Maublancs Artikel: *Eine japanologische Bewegung in der zeitgenössischen Literatur: das französische Hai-kai* (Un mouvement japonisant dans la littérature contemporaine: le haï-kaï français), und zwar in *Die Große Zeitschrift* (La Grande Revue), Februar-März 1923.
5. bis 9. Texte, veröffentlicht in *Hundert Haikai* (Cent Haï-kaï), Verlag Das weiße Schaf (Le Mouton blanc), 1924.
10. Text, veröffentlicht in *Die neue französische Zeitschrift* (La Nouvelle Revue française), Nr. 24, September 1920.
11. und 12. Texte, veröffentlicht in *Das französische Haikai* (Le Haïkaï français), Biographie und Anthologie von René Maublanc, Zeitschrift *Die Weinrebe* (Le Pampre), Nr. 10-11, Mai 1923.
13 ff. Wahrscheinlich nicht im Druck erschienene Texte.

Meine Freunde sind tot.
Ich habe mir andere zugelegt.
Verzeihung …

Mitten ins Gesicht,
Die tödliche Kugel.
Seiner Mutter hat man gesagt – ins Herz.

Er ist am Neunzehnten getötet worden.
Da oben, seine Eltern wissen's noch nicht.
Wie schnell doch der Aufzug hochfährt!

Die Granate fällt
Dann pfeift sie.
Es ist höchste Zeit!

Der alte Dachziegel
Vergießt frisches, rotes Blut:
Granateinschlag.

Épernay, 13. Juni 1917

In der schwarzen Ebene
Ein kleiner, rosa Pfirsichbaum
Macht ganz allein auf Frühling.

1. April 1918

Alarmnacht.
Der Scheinwerfer am Horizont
Öffnet und schließt seinen Fächer.

Die Natur hat
Auf die menschlichen Ruinen
Das Erbarmen des Schnees geworfen.

19. Februar 1919

Mondschein in Reims.
Ein Kathedralenphantom[1]
Reckt seine weißen Arme hoch.

28. März 1922

---

[1]Vgl. S. 32 und S. 73.

Wer hat mir dieses weiße Haar gegeben?
Sie, die da lacht?
Oder die, die tot sind?

Das Flugzeug glitzert und dröhnt.
Eine weiße Kugel zerplatzt
und furzt mit Verspätung.

12. Juni 1917

Schlechter Champagner
Ein Klavier …
Eine Stunde lang kein Krieg mehr.

Dieser kleine Granateinschlag,
der vor der Tür Halt gemacht hat,
warum hat er nicht gewagt einzutreten?

Seine Leiche lag da.
Die explodierende Mine deckt sie zu.
Ob sie entstellt ist?

Seine gute Verwundung,
Mit Tressen geschmückt, mit Orden dekoriert,
wenn sie doch nur den ganzen Krieg überdauerte!

Im vergangenen Jahr hatte er noch schmutzige Hände;
jetzt manikürt er seine Nägel
mit „Säbelpaste".

Junisonne.
Der Soldat, niedergebeugt, will
das ganze Wasser der Grenzquelle trinken.

Èpernay, 18. Juni 1917

Albert de Neuville

Moosteppich

Auf einem Moosteppich im Schatten
Sagte ich: Leben ist süß,
Bis ich dort Insekten ohne Zahl entdeckte,
Die sich wie wir gegenseitig zerrissen.

Die Raben

Das sind zu viele Männerleichen,
Krächzen die Raben,
Wir sind schwer, wir sind
Schwer wie Gräber.

Textauszüge aus *Epigramme nach japanischer Art* (Épigrammes à la japonaise), Bücherei Ch. Bosse, 1921.

Der Feind

An seiner Begräbnisstätte
Für immer eingeschlafen,
Schau ich mir meinen Feind an
Und erkenne einen Bruder.

Die Ruinen

Mitten in diesen Ruinen,
Wo alles vom Tod redet,
Hier ist noch Trost:
Eine Mauer mit wilden Rosen voll erblüht.

Albert Poncin

Im Morgengrauen ertönt das Signalhorn
Am Mittag donnert das Geschütz
Um Mitternacht schreit sich die Hupe die Lunge aus dem Hals

Wahrscheinlich ein nicht im Druck erschienener Text, entdeckt in der Korrespondenz von Julien Vocance.

Georges Sabiron

Die zerplatzende Granate
Lässt eine Baumgruppe in die Luft fliegen
Ein Kreis von Vögeln.

Granattrichter, fünf Leichen,
Strahlenförmig durch die Füße vereint,
Düsterer Seestern.

Textauszüge aus *Gedichtstaub* (Poussière de poème), Das Leben (La Vie), März 1918.

Jean-Paul Vaillant

Verstreut einige Lebende in der hingestreckten Masse.
Der General legt Rouge bei den
Nicht Blutverschmierten an.

Zwei graue Haufen heulen auf der grünen Anhöhe.
Unsere Pferde wiehern. Wir gehen gefasst vorbei.
Die beiden Haufen haben uns nicht gesehen.

Vermutlich nicht im Druck erschienene Texte, entdeckt im Archiv von René Maublanc.

In der Nacht wird die Stille schlagartig durchbrochen.
Alles bebt; Blitze, Donner … Geräusche von Seelen, die davonfliegen
Auf Flocken aus Watte.

Erkenntlichkeit

An der Schwelle der Banken
Ersetzt man die Schwarzen
Durch weiße Frontkämpfer.

12. November 1923

Julien Vocance

Hundert Ansichten vom Krieg

Mai 1916

Zwei Erdwälle,
Zwei Drahtgeflechte:
Zwei Zivilisationen.

Hundert Ansichten vom Krieg (Cent Visions de guerre). Texte, die zum ersten Mal erschienen sind in *Die große Zeitschrift* (La Grande Revue), 20. Jahrgang, Nr. 5, Mai 1916.
Phantome von gestern und heute (Fantômes d'hier et d'aujourd'hui). Texte, die zum ersten Mal erschienen sind in Die große Zeitschrift (La Grande Revue), 21. Jahrgang, Nr. 5, Mai 1917.
Zu den Fahnen – Vincennes (Au drapeau – Vincennes), 14. Juli 1917 und die beiden folgenden Haiku wurden unter dem Titel *Dein Leben hingeben* (Donner ta vie) zusammengestellt. Texte, veröffentlicht in *Das französische Haikai* (Le Haïkaï français), Biographie und Anthologie von René Maublanc, Zeitschrift *Die Weinrebe* (Le Pampre), Nr. 10-11, Mai 1923.
Proteus oder das Leben eines Mannes (Protée ou la vie d'un homme). Texte, die in *Die Neue französische Zeitschrift* (La Nouvelle Revue française), 1. April 1924 veröffentlicht wurden.
Im Krieg (En guerre). Texte, die wahrscheinlich nicht im Druck erschienen sind.
Zensierte Haiku (Haïkus censurés). Zitat vo René Maublanc in *Die große Zeitschrift* (La Grande Revue), Februar-März 1923.

Zweifelsohne hat der Tod
Diese gigantischen Furchen gegraben
Deren Saat Menschen sind.

Dicht über dem Erdboden seit vierzehn Tagen
Erkennt mein Auge darin die kleinsten Buckel,
Die geringsten Gräser.

Kaum hab ich den Kopf eingezogen,
Schwirrt eine Mücke heran und plötzlich
Stürzt die Erdkuppe ein.

Die Leichen zwischen den Schützengräben,
Die seit drei Monaten schwarz werden,
Leiden unter Haarausfall.

Gemunkel von Witwen, von Waisen,
Gesumme wie von einem Schwarm,
Über diesen armen, verfärbten Leibern.

Nun kommt die Nacht, vorhin noch so mild.
Durchlöchert von jähen Lichtblitzen
Schließen uns die Schatten des Todes in die Arme.

Über diesen Leichengruben
Diese Feuerwerke …
Einmal mehr Gottlosigkeit!

Der feine, kalte Regen in peitschenden Böen
Dringt in unsere Knochen, ins Gemüt
Und in das Mark der Erde.

Eine Feuerkugel
Entschwindet als Wolke:
Moses auf dem Sinai.

Voll auf die Arbeiter,
Das Licht des Scheinwerfers
Lässt sie sich zu Boden werfen.

Der Drache, der Finsternis entsprungen,
Speit seine glühenden Zähne auf uns.
Ein wehender Schleier zaubert ihn weg.

Von der Müdigkeit zermürbt
Gleichen ihre zusammengesunkenen Haltungen
Denen der Leichen in der Ebene.

Auf ihrem schlecht geölten Wagen
Ist die Granate hoch oben ohne Eile
Über uns hinweggezogen.

Die Feuerstöße unserer Kanonen
Lassen eine Stadt am Horizont
Immer nur kurz aufleuchten.

Winzig, mit silbrigem Bauch
Hat die „Taube[1]“ ihren Dreck abgeworfen:
Bombe oder Rakete.

---

[1]Name, den damals die deutschen Flugzeuge trugen.

Erde im Trommelfeuer,
Der braune Sturmwirbel
Der Granaten, wie herumtollende Kinder.

Auf der Mühle -
Wie ein Lama, das sich aufregt,
Spuckt eine 77 ihre Auswürfe aus.

Die schwere Batterie im Wald
Wird heute Abend von so heftigen Hustenanfällen durchgeschüttelt,
Dass sie vorbei-, ja vorbeischießen wird, garantiere ich euch.

Die Granaten, blind in der Lichtung,
Zerbersten noch vor unseren Kanonen,
Woge, die nicht mehr den Strand überrollen kann.

Ein Geschützfeuer, von oben betrachtet,
Mit der plötzlichen Pracht seiner Lichthöfe
Und dem Donnergrollen in der schwarzen Nacht.

„Von den Granaten mit Erde zugedeckt!
Schnell, schnell, sie kommen näher!“
Eindruck des Neulings.

In kleinen Klumpen,
Fächerförmig um ihn herum,
Ist sein Fleisch hochgespritzt.

Kreuze aus weißem Holz
Tauchen aus dem Boden auf,
Jeden Tag, hier und da.

Gedämpftes Trommelfeuer
Granatabschüsse
Bei Nebel.

Eingegraben in unsere Unterstände,
Der Wirbelsturm aus Eisen
Wird uns kaum erreichen.

Vier Tromben aus schwarzem Rauch,
Die den ganzen Boden erbeben ließen!
Wo wird die nächste Salve niedergehen?

Unbehagen allen Fleisches
Wo, von jetzt auf gleich,
Kann das nahe MG einschlagen?

Glühendes Eisen, das ins Wasser fällt, Katzen[1], die miauen[2],
Karren, die quietschen und Kreisel[3], die brummen,
Und all dieser Plunder und all dieser Krach!

Stahlgrau, bleigrau, aschgrau,
Grau in den resignierten Herzen:
Ablösung in den Schützengräben.

Große, fahle Wandflächen,
Die Männer sind deprimiert:
Mondschau.

---

[1]Soldatenjargon für die 75/77 mm Granaten.

[2]„Miaulants“ war außerdem ein Soldatenausdruck für die 77 mm Granaten der Deutschen in Anlehnung an das Geräusch, das sie in der Luft erzeugten.

[3]Soldatenjargon für die 155 mm Granaten.

Vampirgranaten haben
Die Platten des Friedhofs hochgehoben,
Dessen Kreuze schwanken.

Von den Barbaren ausgeglühte Mauern,
Du wirst dereinst schöner sein, meine Kathedrale[1]!
Auf ewig, allem zum Trotz.

Alte Burgruinen aus den Sagen,
Geisterstädte, Feudalorte der Kupferstiche,
An einem einzigen Tag so zugerichtet.

---

[1] vgl. S. 32

Eine quengelnde Alte in einer verlassenen Bruchbude …
„Sie“ arbeitet dieses Jahr im Großen,
Verachtet aber nicht die kleinen Profite.

Soldat der Schützengräben,
Hinterwäldler,
Originalgorilla.

Um bis an meine Haut zu gelangen,
Könnten sich die Kugeln niemals
In meinem Wollzeug zurechtfinden.

Seine Fingernägel fahren
In seinen Flanell, um
Die kleinen Biester zu knacken.

Er hat den Brief der Schülerin gelesen,
Er hat sich ihren Namen gut angeschaut,
Er hat gesagt, dass das nicht für ihn sei.

Blühende Gesichtsfarbe,
Am Bauch aufgeknöpft:
Köche der Offiziere.

Sie tragen ihre Fettleibigkeit wie einen Kelch,
Sie pflegen sie, unterhalten sie.
Sie werden niemals, ja nie marschieren können.

In den Wirbeln
Des schlecht vergrabenen Pferdes
Macht mein Fuß: Flosch …

Niedergehalten vom Gewicht des Sacks, rücklings
Auf dem pappigen Hang,
Strampelt er, ein komischer, Mitleid erregender Käfer.

Wenn du am Himmel Rauchfahnen siehst,
Such das Flugzeug ...
Auf der anderen Seite!

Ein Feuermeer!
Die Granaten haben die Schlingpflanzen des Moors in Brand gesetzt,
Es prasselt.

In einem Erdloch bei Nacht,
Einer riesigen Armee gegenüber,
Zwei Männer.

Über das trostlose Ödland,
Gedämpfte Schritte …
Mein Auge sucht die Dunkelheit ab.

Der vorgeschobene Späher stolpert
Über einen grünlichen Leichnam.
Plötzlicher Rückzug Richtung Graben.

Wenn ich meinen Kopf hinausstrecke, wird er kalt.
Wenn ich meine Füße hinausstrecke, werden sie frieren.
Ich werde mich in mich selbst zusammenkugeln.

Ring nicht so nach Luft!
Die Kugel hat dich mit Blut besudelt,
Doch nur deine Schläfe gestreift.

Gestern pfiff es dir um die Ohren,
Heute in dein Käppi,
Morgen in deinen Kopf.

Der Blutfleck wird größer, immer größer
Auf seinem Hemd; er verwandelt sich
In einen Soldat Garibaldis[1].

---

[1]Guiseppe Garibaldi (1807-82) war einer der populärsten Protagonisten der italienischen Einigungsbewegung (Risorgimento); seine Freiheitskämpfer wurden Rothemden genannt.

Lerche, Lerche,
Wie unangemessen ist doch dein Gesang! …
Aber nein, du bist nur teilnahmslose Natur.

Widerwärtige, vertraute Feldmäuse,
Die ihr wenigstens nicht singt;
Wir hatten immerhin Brot, sogar Deckung.

Abgezehrt in ihren erdfarbenen Klamotten,
Heben Soldaten den Boden in langen, tiefen Furchen aus;
Und das ist der Ruhm, und das ist der Krieg, und das ist der Tod.

Wo wir heute Abend hingehen, grollt die Kanone.
Mein armes Fleisch und Blut! Ach! So reichhaltig geworden!
Stimme der Kanone, und ihr schrecklicher Appell.

Das Geräusch einer Schmiedelohe.
Doch jede Flamme kommt aus einer Kanone:
Wer nur keucht so? Wer bringt sich so um?

Mit dem Tod im Herzen,
Dem Grauen in den Augen
Sind sie aus dem Graben gestürmt.

Kla, kla, kla, kla, kla …
Dein grausiges Knattern, MG,
Skelett, das seine Finger an seinen Zähnen abzählt.

Ihre Körper
Feiern blutige Hochzeit
Mit der Erde.

Sammelt von den Trümmern das ein,
Was noch zu gebrauchen ist
Den Rest lasst liegen.

Der von der Mine ausgehobene Trichter
Setzt sich fort bis zu den Tannen,
Deren Knicke und Brüche auflodern.

Der Knall einer Rückschlagfeder.
Trudelnd fällt eine lange „Blutwurst“[1] vom Himmel:
Ich weiche ihr mit einer Kopfbewegung aus.

In Höhe der Schützengräben
Die Wutausbrüche von Katzen[2]
Minenwerfer.

---

[1] Soldatenjargon für einen Aufklärungsballon.
[2] Vgl. S. 72.

An ihrem kärglichen Tisch
Hat sich eine schwarze „Wurst“[1] eingeladen …
Sie hat drei Brüste durchschlagen.

Unter den verwaschenen Uniformen,
Die noch die Falten vom Sturz aufweisen,
Bilden sich Aschehäufchen hier und da.

Mit einem Loch in der Stirn, in Zeltplane eingerollt,
So trägt ihn ein Kamerad auf der Schulter weg:
Trauriges Schlachtopfer … auf das eine Mutter wartet.

---

[1]Soldatenjargon für ein Artilleriegeschoss

Ein Torpedo! … beim Geräusch der Schraube …
Ganz nah bei uns, sieben hingemähte Bäume;
Unsere Herzen, Herzen von gehetzten Tieren.

Bei Einbruch der Nacht bringt man, um Helfer zu schonen,
Die Opfer des Tages
Zum Friedhof mit dem weißen Holz.

In der Ferne heulen Hunde gottserbärmlich …
Sie kommen näher …
Sind vorbei.

Bissige Nattern,
In die Nacht geschleudert,
Verirrt in den Weinbergen …

Schwarze Vögel in rasendem Flug,
Deren Geschwindigkeit sich vervielfacht,
So haben sich zwei Granaten über mir aufgelöst.

Scharfkantiger Schrott.
Strapaziertes Trommelfell.
Häuser, die nicht mehr sind.

Fünf Mumien, in Gelb gekleidet,
Baden in dem geröteten Wasser des Grabens:
Ergebnis des Bombardements.

Mädchen mit abgemähtem Arm,
Warum nur hast du so gespielt? …
Du konntest meins sein ...

Mein banges Ohr analysiert die Laute:
Von uns … von den Deutschen … 77 … 120 …
Rechts … gegenüber … oben … Treffer!

Ein schöner Schein! …
Hände an die Lider
Um sich zu schützen.

Blume, die das Licht atmete,
Sein Auge ruht,
Die Kehle durchgeschnitten.

Einzige oder seltene Gelegenheit,
Gut zu sterben, sogar ruhmlos …
Die du später bedauern wirst.

Verhärtete Verbände,
Verschossene Kleider,
Verschlossene Gesichter.

Blut, das du über die Feldmäntel flossest,
Vom Regen gewaschen, getrocknet vom Schlamm,
Schönes, purpurnes Blut, jetzt so grau, so glanzlos.

Die Weiße der Wäsche, der Mauern, der Fliesen,
Verhehlt nur schlecht
Die Blässe der Kranken.

Diese Körper, vollgepumpt mit Stahl, mit Kupfer,
Man hat sie gefesselt, geknebelt …
Als ob sie fliehen könnten!

Zurechtgemacht für die Sarkophage,
Ganz in Weiß eingeschlagen:
Weder Hände, noch Füße, noch Gesicht.

Nächte des Bangens, Nächte des Grauens …
Erinnerungen, die ihm heute Abend nicht aus dem Sinn kommen.
Das Thermometer zeigt 40°.

Ganz nah bei dem Fiebernden
Die Kartenspieler:
Es wird neu gemischt.

Mit diesem weißen Leinenzeug um unsere Köpfe
Sieht es so aus, als riefen wir gleich:
„Allah! Allah!“

Mich hat's am Hintern erwischt,
Dich im Auge,
Du bist ein Held, ich kaum.

Die Verwundeten auf den Bahren
Warten brav, bis sie an der Reihe sind,
In den Käfig mit den Raubtieren zu kommen.

Die gute, naive Schwester verbirgt nur schlecht ihre Freude,
Einen so schönen Jesus zu haben, von dem kleinen Soldaten
Geschmolzen in einer Kreidegussform[1].

Die Frau des Botschafters ist weggegangen.
Man sagt, sie habe viel beglückwünscht, getröstet.
Wir haben niemand gesehen und haben noch nicht gegessen.

---

[1]Es gab eine gewisse Kunst der Schützengräben. Die bekannteste war, Geschosshülsen zu gravieren. Ferner schmolz man gerne das Aluminium von Granatköpfen ein. Nun ist die Champagne ein Kreideland; und so hat der junge Soldat seine Jesusfigur zunächst aus Kreide angefertigt.

Kleine Mädchen sind herumgegangen,
Mit Lutschern, eingerollt in ihren Hausaufgaben,
Und sie waren sehr gut, eure Lutscher, ihr Mädchen,
für die Verwundeten.

Gut wie ihre Augen, sanft wie ihre Stimme,
Geschmeidig, sicher verbindet mich ihre Hand;
Sie denkt, ich sei gläubig.

Das hier ist wahrhaftig das Reich der Schatten
Tastend umherirren
In der ewigen Nacht.

Sie haben Augen, die strahlen
Vor Gesundheit, vor Jugend, vor Hoffnung …
Sie haben Augen aus Glas.

Ihr, die ihr zermalmen könnt; mich zermalmt habt,
So stark, so sanft, Kupferkatzen mit Nieren aus Stahl[1],
Ihr, die jetzt meine Hand streichelt.

Du hast dein Boot an einem ganz schlechten Schiff angebunden.
Wenn du willst, rudern wir zusammen
Trotz allem.

---

[1]Vgl. Seite 72 („Katze“ = Granatkaliber). Vocance war von einer Granate am Auge wenige Zentimeter am Gehirn vorbei getroffen worden und glaubte, nicht zu überleben.

Ein Pierrot, eine Pierrette[1], bleich im Scheinwerferlicht …
Da hinten, bleich im Mondschein,
Ruhende Körper.

Für ein paar Tage der Hölle entronnen,
Lautlos schauen die Schatten zu,
Wie die Lebenden leben, sich lieben, lachen, hin und her laufen.

Kameraden, Brüder,
Wir werden viel durchgemacht haben …
Ach! Ihr werdet ohne mich siegen.

[1] Clownfiguren des Straßentheaters, das schon auf die Stegreifkunst der italienischen Volkskomödie des 16./18. Jahrhunderts zurückgeht. Man setzte solche Schauspieltruppen gerne hinter der Front zur Aufheiterungen der Soldaten ein.

Und dir, ja dir widme ich,
Mit der innigen Liebe des Älteren,
Diese Erinnerungen an unsere Qualen.

Jugend, ernst und bedacht,
Um, wunderbares Zeichen, den Tod
Vor dem Leben kennengelernt zu haben.

Diese beiden Dreizeiler wurden von Julien Vocance den hundert vorhergehenden bei der Veröffentlichung von seinem *Buch der Hai-kai* (Livre des haï-kaï) im Verlag Malfère 1937 hinzugefügt.

Phantome von gestern und heute

Mai 1917

I – Gestern

Das Epos

Ich habe, ovales Plättchen[1],
Als ich dich an meinem Hals anlegte,
Die Kälte des Fallbeils gespürt.

Durch die triste Heide
Marschieren wir heute Abend zur Feuerfront,
Voll von den großen Erinnerungen aus der Geschichte.

[1]Gemeint ist die Erkennungsmarke, die jeder Soldat am Hals trug.

Das Sturmgepäck auf der Schulter, den Brotbeutel am Ellbogen,
Gummi in den Beinen
Und das Gewehr auf den Armen wie ein Neugeborenes.

Wird er nicht, der nächtliche Schütze,
Seine Zigarette gleich mit dem Streichholz
Seiner Muskete anzünden?

Zu unserer Rechten, hinten im Obstgarten,
Ist ein Steingutkrug zerbrochen …
Nein, es ist eine Granate leichten Kalibers!

Granatbeschuss, Granatbeschuss.
Aber wir halten so wenig Raum,
Und die Welt ist doch so groß!

Mit todmüden Füßen, kaputten Nieren, von ihren Gedanken erdrückt,
So ziehen sie vorbei, die guten, alten Frontkämpfer
In dem eisigen Nebel ...

Da hinten, ohne Zweifel, in diesem Moment
Schlägt die Kleine in die Hände, schaut zur Mama,
Die mit der dampfenden Schüssel kommt.

Bei Tagesanbruch
Schlingen sie gierig
Die kalte Suppe runter.

So viel Seelengröße hinter ihrer dicken Fassade,
So viel Resignation,
Trotz ihrer grummelnden Müdigkeit!

Sie werden, mein schöner Offizier,
Wenn Sie einberufen und einquartiert werden,
Eine schöne Feldmütze mit schönen Goldlitzen haben.

Ich will gerne für dich meine Haut hingeben;
Gib mir nur, habgieriger Bauer,
Holz[1] für meine Suppe.

In seinem Lager aus gestampfter Erde
Wie ordentlich sie ihn dort zugedeckt haben,
Sie, die morgen den gleichen Schlaf schlafen!

In Rauchsäulen haben
Pioniere die Feuerdrachen
Niedergestreckt.

---

[1]Holz, um ein Feuer zum Anwärmen der Suppe zu machen.

Wir greifen im Morgengrauen an …
Gewiss, wir tun unsere Pflicht,
Aber hart ist es trotzdem.

Soldaten, schon so weit weg von dieser trügerischen Welt,
Tote, die vorübergehend leben, behelfsmäßige Tote,
So weggetreten, schon so strahlend, so groß!

Als sie den Schützengraben verlassen haben,
War ihr Blick schon hohl,
Hatten ihre Gesichter keine Nasen mehr.

Stoßen wir vor! Stumm, aber stolz
In die Kreise dieser Hölle,
Wohl wissend um den Preis unserer Opfergabe.

In der Brust springt das Herz.
Das Auge ist sicher,
Fest der Fuß.

Durch welche Besessenheit aus Liebe für ihr Land
Haben sie sich im Schlamm des Bodens gewälzt,
Feine Uniformen, gut dastehen?

Ein blutbesudeltes MG hat
Vor seinem Tod noch seinen Fächer
Von Leichen entfaltet.

Auf dem Boden, jetzt als Flüssigkeit,
Der sauere Dampfstrahl
Der Granate, wie ein rotes Feuer.

Mit großen Absatztritten
Zermalmen Mörser und Kanonen
Uns, die wir nichts als Ameisen sind.

In seinen schon umschleierten Augen
Nichts mehr von der furchtbaren Erinnerung
An die Frau und die Kleinen …

„Sie ist schwer wie ein Schwamm!"
Man kann die Erde nicht ausdrücken,
Ohne dass Blut herauskommt.

Ich bin in das große Geheimnis des Lebens und des Todes vorgedrungen …
Ich habe die Schale gesehen, wo in Zukunft die Zeiten und ihre Gärstoffe entstehen …
Ich habe den bitteren Kelch getrunken und mich schaudert's noch davon.

Mit wunderlichem Stoizismus
Wartet die Zivilbevölkerung
Auf das Ergebnis des Kampfes.

Ein großes, schwarzes Loch,
Aberwitzige Hoffnungen,
Dann ein großes Loch.

Es gibt da ein Märchenland
- Für die schönen, herausgeputzten Damen -
Wo Leute, die dafür gemacht sind, hingehen, sich abmühen, sterben.

Sie möchte, für den Tag des Sieges
Frische Uniformen
Und tänzelnde Pferde.

Verbergt sie, diese Füße, diese fehlenden Arme,
Verbergt diese mitgenommenen Gesichtszüge,
Verbergt dieses Blut, das ich nicht mehr sehen möchte.

Er hatte den männlichen Blick,
Aber die Eindringlichkeit seiner Umarmung
Hat mir weh getan.

Grimmige Krieger!
Doch ihr Herz gerät ins Wanken
Bei einem Kinderwehwehchen.

Leuchtrakete, Blume der Granate, Brustwarze,
Die die Kämpfer den Tod saugen lässt …
Und diese unheilvolle Parodie des Lebens!

Die kleinen, einbeinigen Soldaten
Schauen sich voller Wehmut
Das Grab des Großen Kaisers[1] an.

---

[1]Gemeint ist der Prunksarkophag Napoleons im Pariser Invalidendom.

Verwundete, so verschieden von den traurigen „Hospitalisten“[1],
So stolz darauf, sich unter den Verbänden so gesund zu fühlen,
Die Körper ganz kurz geschoren, kein Denken an die Vereiterungen.

Für den Vierjährigen
Sind die Verwundeten Knallbonbons
Und Perlweinschalen.

Die Glocke schlägt elf Uhr!
Die Straße ist schwarz. Das fiebrige Paris
Wacht und leidet in seinen Wohnstätten.

---

[1] Gemeint sind wohl die wahren, ziemlich hoffnungslosen Fälle im Gegensatz zu den anderen Amputierten, denen man das wilde Fleisch sauber entfernt hat, die natürlich auch noch unter ihrer Verwundung leiden, aber dennoch ihre Situation sogar mit einem gewissen Stolz akzeptieren.

In der Asche, der Spucke auf den Bahnhofsbänken,
Wie der andere an seinem Kreuz …
Schlaft, gute Soldaten …

Es gibt's wirklich
In diesem lieblichen Land Frankreich,
Großes Mitgefühl, großes Leiden!

II – Heute

Vororte
(Auszüge)

Innereienverkäufer,
Altkleiderhändler,
Bleiche Krüppel.

Das Quietschen der Schienen in den Kurven, ein Kreischen
Wie bei einem Hund, der ein Klavier traktiert, etwas,
Das meine armen, mitgenommenen Nerven aufschreien lässt.

Mit Faustschlägen, mit Fußtritten
Habe ich meine Vergangenheit töten wollen.
Aber sie ist's, die mir an die Gurgel fährt.

Zur Fahne – Vincennes, 14. Juli 1917

Prunkkarossen und Gespanne,
Träger feiner Herren in taillierten Uniformen,
Haben schnell ihre markierten Stellplätze eingenommen[1].

Hier sich abstützend, dort sich krümmend,
So kommen sie, Schaum und Abschaum,
Als Geschnetzelte, Verkürzte in grauen Anziehsachen daher[2].

Gezeichnete Gesichter, blutleere Mäuler,
Schrecken einflößende, jämmerliche Gestalten;
Die Frauenhände nie mehr lieben werden.

---

[1]Höchstwahrscheinlich zum Anlass der großen Parade am 14. Juli, dem Nationalfeiertag.

[2] Dieses Haiku gibt genau das Gegenteil zum vorherigen wieder.

Gestern: Die Hörner zum glühenden Appell …
Dann der Trommeln Trauerrollen …
Volk, das du dein Antlitz erhebst beim Schall der Posaunen von Josua![1]

Deine Stange, oh Fahne, im Würgegriff des Bluts!
Beklemmung schnürt uns die Herzen zusammen und bricht sie …
Welche Schreie wird dieses bedrückte Volk ausstoßen?

Durchzug der Seitengewehre, Gewitterregen,
Und die Menge wirbelt bei ihrem Vorbeimarsch
Wie Blätter im Wind.

---

[1]Bezug ist der Fall Jerichos laut Bibelbericht im Alten Testament, Buch Josua 6,20.

Ich glaubte, Gespenster vorbeimarschieren zu sehen.
Schatten derer, die nicht mehr sind.
Alle trugen auf ihrer Stirn das verhängnisvolle Mal.

In den großen gepanzerten Wagen
Singend aus voller Brust, immer wieder den Refrain[1];
Sind sie vom Wein, von der Müdigkeit oder vom Ruhm benebelt?

Dann brecht ihr wieder leichter auf in Richtung Tod;
Denn du musst noch gehörig mit all ihren Körpern bluten,
Oh Frankreich, oh mein Land, das aus den fünf Wunden blutet.[2]

---

[1]Gemeint ist wohl die Marseillaise, die Nationalhymne.
[2]Bezug sind die fünf Kreuzigungswunden Christi.

„Dein Leben hingeben ...“

Der Tag des Sieges!
Ein Zug von Witwen und kleinen Jungen in Schwarz,
Und die Menge, die erstickt an den Triumphgesängen …

Den ganzen Tag schon dein Heulen und Wehklagen …
Erbarmen! Schweig!
Du wirst nicht gebeten, dein Leben hinzugeben ...

Proteus[1] oder das Leben eines Mannes

Einige Marmorplastiken für ein Giebelportal
(Auszüge)

April 1924

Da man ja, selbst in den Sternen,
Dieses anrührende Bild zu vermitteln wusste,
Noch im Urlaub wird der Soldat vom Krieg eingeholt:

In der Stille des Abends brach er wieder auf, erbittert.
In seinen Augen kreisten Flammen, Rauchschwaden,
Zwischen den Körpern, die sich stapeln.

Schollen heimatlicher Erde, die ihr an den Beinen klebt!
Da unten, der verdammte Boden, den es zu verteidigen gilt …
Aber jeder Schritt ist ein Entreißen …

---

[1] „Proteus“: Ein weissagender, allwissender Meergreis der griechischen Mythologie, der sich, um der Beantwortung von Fragen zu entgehen, in vielerlei Gestalten verwandelte.

Im Krieg

Am Rande des Kanals
Hält das Haus mit beiden Händen
Seine dampfenden Eingeweide beisammen.

Indem sie so ihren Kopf im Schutz dieses Busches hält,
Folgt diese große Kanone, wie mir scheint,
Einer Vogel-Strauß-Politik.

Gelb angemalt
Mit größeren abgestuften Bereichen
Hat er sich als Giraffe zurechtgetarnt.

Mit eurem komplizierten Mechanismus
Seid ihr, Monstermörser,
Nur feingliedrige Hauswindhunde[1].

„Der Balkan! Der Balkan!
Alles mit Erdöl begießen,
Dann wahnsinnig ... das Feuer!"

Sie arbeiten hart in der Dunkelheit
Und sehen nicht einmal ,
Wie der Morgen strahlend aufgeht.

---

[1]Für Vocance sind die Mörser – voller Ironie gemeint - zu komplizierte und plumpe Geräte, um sie richtig im Gelände benutzen zu können.

Dieser Koloss!
Der Tod hat große Mühe
Ihn festzubinden.

Lassen nicht all ihre fest gegen den Boden gestemmten Körper
Die Erde da einbrechen,
Wo wir uns bekämpfen?

Wenn alle Toten des Krieges
Wieder die Wege entlangkämen
Könnten sie morgen die Welt beherrschen.

Gratifikation für unsere Soldaten
Schon halbe Leichname,
Arme Straßenhändler.

Zwei zensierte Haiku[1]

Man wird dich nicht begraben, Kampfgenosse,
Damit dein Kadaver nicht
Die Lebenden vergiftet.

Neu eintreffendes
Frischfleisch, gut zubereitet,
Für heute Nacht angekündigt.

[1]Wir wissen von René Maublanc, dass man diese beiden Haiku von Julien Vocance zensiert hat. Das erste, von 1917, war ursprünglich für die Reihe *Phantome von gestern und heute* (Phantômes d'hier et d'aujourd'hui) vorgesehen, wurde dann aber vom Autor in *Proteus und das Leben eines Mannes* (Protée ou la vie d'un homme) aufgenommen.

Nachwort des französischen Herausgebers

Fragmente der Humanität

Meinem Großvater gewidmet

Ich wäre gerne
Der erste Gefallene gewesen
Am ersten Kriegstag.

Charles Vidrac

Die ersten Samenkörner des Haiku wurden von Paul-Louis Couchoud (1879-1959) nach Frankreich gebracht, ein Arzt und Philosoph, speziell bekannt für seine Untersuchungen über die geschichtliche Nichtexistenz von Jesus. Nach seiner Rückkehr von einer Reise um die Welt vom September 1902 bis zum Mai 1904, finanziert von der Stiftung Kahn, hat er gewisse seiner Freunde in die japanische Sensibilität und die Kunst des Hai-kai (wir sprechen heute von Haiku) eingeführt: Julien Vocance, Hubert Morand, ein Gymnasiallehrer, dem Joseph Kessel mitreißend seine Verehrung erwies, Albert Poncin und André Faure, ein Maler, gestorben für Frankreich schon zu Beginn des Ersten Weltkriegs.

Juli 1905 haben die beiden letzteren Couchoud auf seiner Fahrt in einem Frachtkahn von Paris nach La Charité-sur-Loire begleitet. Als Gegenleistung für einen Schlafplatz schlugen sie dem Kapitän vor, ihm beim Löschen seiner Zuckerladung zu helfen. „Und so kam es, dass auf die schlichteste, aber auch glücklichste Weise auf den Kanälen die erste

Beförderung von drei jungen Männern zustande kam, die sich zu Seelenverwandten japanischer Dichter gemacht hatten und dass damit zugleich die ersten Hai-kai-Originale in unserer Sprache verfasst wurden, zweiundsiebzig insgesamt ohne Autorennamen in einem Büchlein, das unter dem Titel *Mit dem Strom* (Au fil de l'eau[1]) in einer Auflage von dreißig Exemplaren veröffentlicht, jedoch nicht in den Handel gebracht wurde.", lässt uns Julien Vocance in seinem Artikel *Über das französische Hai-kai* (Sur le haï-kaï français), erschienen in der Zeitschrift *Frankreich-Japan* (France-Japon) vom 15. Februar 1938, wissen.

Ein heikles Unterfangen!
Überraschen
Den Gedanken bei seinem Entstehen.[2]

Einige Monate später, im April 1906, hat Couchoud in der Zeitschrift *Sprach- und Literaturwissenschaft* (Les Lettres) das erste Essay über *Das Hai-kai, lyrische Epigramme aus Japan* (Le haï-kaï, les épigrammes lyriques du Japon) veröffentlicht, eine scharfsinnige und detaillierte Studie, die immer noch aktuell ist. Nach ihm ist das Haiku „ein schlichtes Tableau aus drei Pinselstrichen, eine Vignette, eine Skizze, bisweilen nur ein einfaches Berührtsein, ein Eindruck." Es ist ein Wahrnehmungskonzentrat, das Empfindungen hervorrufen soll. Dabei geht es darum, das Einzelne so zu erfassen, dass Ergriffenheit durch die Macht der Suggestion, die Strahlkraft der Kürze, die Eindringlichkeit des Weglassens aufkommen kann. Allem Anschein nach, „da der Ausdruck hier auf das äußerste Minimum reduziert erscheint, ist es unmöglich, ein gutes Haiku zu verfassen, wenn man nicht zuvor ein starkes Gefühl oder eine aufrichtige Gemütsbewegung erlebt hat. Ein Hai-kai ist reines Empfinden: Ist dieses

[1]Der interessierte Leser kann diese 72 Haiku, illustriert und kommentiert, auf der Website von Dominique Chipot finden: www.dominiquechipot.fr.

[2]Alle in diesem Nachwort zitierten Haiku stammen von Julien Vocance.

nur banal, bleibt es zwangsläufig nichtssagend", vermerkt Couchoud. Diese Banalität war immer schon und ist es auch heute noch der schlimmste Feind des Haiku. Eine bloße Fülle von Einzelheiten ohne weiteres Interesse, dazu auf die Schnelle niedergeschrieben, kann einen das Haiku auf nicht wieder gut zu machende Weise nur als Albernheit oder japanische Nippsache abtun lassen. Ist es indes wohl ausgefeilt und recht ausgewogen, wird es zu einer seltenen Perle, die dann das echte Empfindungsvermögen eines wahrnehmenden Autors zu einem gegebenen Zeitpunkt sehr wohl auf andere überträgt.

Er hat den Brief der Schülerin gelesen,
Er hat sich ihren Namen gut angeschaut,
Er hat gesagt, das sei nicht für ihn.

Diese von Couchoud ausgestreuten Samen sind nur langsam gekeimt. Man unternahm zwar einige Versuche, jedoch ohne dass diese die Ketten westlicher Poesie gesprengt hätten, wie man es etwa am Beispiel von Albert de Neuville sehen kann, dessen *Epigramme nach japanischer Art* (Épigrammes à la japonaise) Vierzeiler geblieben sind.

Es bedurfte eines Jahrzehnts bis zur eigentlichen Wiedergeburt des französischen Haiku. Julien Vocance, der immer bedauert hatte, nicht mit von der Partie bei *Mit dem Strom* (Au fil de l'eau) gewesen zu sein, führte in der Zeitschrift *Frankreich-Japan* (France-Japon) aus, dass er „sich bei Gelegenheit eine hübsche Revanche vorgenommen habe. Diese Gelegenheit lieferte ihm dann der Krieg. Eingezogen in ein Infanterieregiment und zur Front in die Champagne geschickt, dann im Mai 1915 verwundet, hielt er seine Eindrücke aus den Schützengräben und dem Lazarett eben in der Form fest, wie sie ihn Couchoud gelehrt hatte, nämlich als unmittelbar erlebte Augenblicke", und er folgte so auch dem Weg, den japanische Dichter vorgezeichnet hatten als jene

Soldaten von Port Arthur, deren Tanka von Noël Péri für *Die Zeitschrift von Paris* (La Revue de Paris) vom 1. September 1905 übersetzt worden waren.

Die große Zeitschrift (La Grande Revue), unter der Leitung von Paul Crouzet, hat die Haikai (haï-kaïs) von Vocance in ihrer Nr. 5 vom Mai 1916 unter dem Titel *Hundert Gesichter vom Krieg* (Cent Visions de guerre) herausgegeben. Vocance hätte im ersten Augenblick *Hundert Ansichten des Krieges* (Cent Vues de la guerre) in Anlehnung an Hokusais *Hundert Ansichten vom Fuji* (Cent Vues du mont Fuji) vorgezogen, letztlich aber doch die größere Stichhaltigkeit des anderen Titels anerkannt. Hundert hautnahe Gesichter, weit davon entfernt, nur Halluzinationen zu sein trotz aller Schrecklichkeit gewisser Szenen.

Das Kriegstagebuch von Vocance beginnt mit zwei Luftansichten auf die Schlachtfelder, wo sich die Männer wie Saatkörner ausmachen, und er lässt uns sogleich mit der Geschwindigkeit einer Granate hinuntertauchen bis zu den Erdschollen, dem alleinigen Horizont des Frontsoldaten. Auf diese Weise wird mit nur drei Bleistiftstrichen die Szenerie vorgezeichnet, und wir bleiben dort, bis Vocance in die Zivilisation zurückkehrt, nachdem er am 4. Mai 1915 durch einen Granatsplitter schwer verletzt wurde, der bis zu seinem Tod nah an seinem Gehirn verkapselt bleibt. Die Verwundung hat zur Folge, dass man ihm zweieinhalb Monate später das rechte Auge entfernen muss, ihn aber mit dem Tapferkeitsorden sowie dem Eisernen Kreuz mit Palmen auszeichnet.

> Sie haben Augen, die strahlen
> Vor Gesundheit, vor Jugend, vor Hoffnung …
> Sie haben Augen aus Glas.

Diese einzigartige Örtlichkeit bringt im Verein mit der Kürze der Form eine Bildfolge hervor - geradezu stürmisch in der Einteilung -, deren Rhythmus zudem durch die Mischung der Gattungen akzentuiert wird (das Erzählerische verbindet sich mit dem Argumentativen, Urteil und Kritik wechseln sich ab mit Erläuterung und Beschreibung). Wir selbst finden keine Zeit, um zwischen zwei Ereignissen Atem zu holen, wie bei diesen Soldaten, die im Rhythmus der Gefechte und Kanonaden voll in Aktion sind. Selbst wenn sich die Zeit hinzieht (gestern ... / heute ... / morgen ...), sorgen die Metrik und das Szenario dafür, dass der unmittelbare Eindruck erhalten bleibt, ganz gleich ob das Haiku „bald das Ergebnis einer geduldigen Analyse, bald die direkte Übertragung einer inneren Erleuchtung" darstellt, so wie es Vocance 1937 in *Das Buch der Hai-kai* (Le Livre des haï-kaï) unterstreicht.

Vocance betont gleichfalls den Rhythmus, indem er sich - wie er in demselben Buch gesteht - „manchmal die Freiheit herausnimmt, diese kleinen Gedichte miteinander zu verbinden und sie so zum Ausdruck ein und derselben Idee in einer Gruppe vorzustellen." Dabei ließ er sich wohl von dem Beispiel des japanischen Renku anleiten – einer Folge von im Kollektiv verfassten Kettengedichten, wovon ihm höchstwahrscheinlich Couchoud berichtet hatte – und schuf damit eine Art „Kurzfilm in Haikuform", wo eine Reihe von Haiku dasselbe Thema zum Gegenstand haben, so allerdings im Gegensatz zum besagten Renku, dessen Themen von Strophe zu Strophe variieren müssen. Aus diesem Grunde haben wir uns auch entschlossen, die Vollständigkeit der Texte zu bewahren, selbst wenn gewisse davon eigentlich nicht den Kriterien des Genres genügen, wie sie heutzutage gemeinhin erwartet werden. In seinem Artikel *Über das französische Hai-kai* (Sur le haï-kaï français) nennt er zum Beispiel die folgende Sequenz „Angriffsfilm":

Mit dem Tod im Herzen,
Dem Grauen in den Augen,
Sind sie aus dem Graben gestürmt.

Kla, kla, kla, kla, kla …
Dein unheilvolles Knattern, MG,
Skelett, das seine Finger an seinen Zähnen abzählt.

Ihre Körper
Feiern blutige Hochzeit
Mit der Erde.

Sammelt von den Trümmern das ein,
Was noch zu gebrauchen ist.
Den Rest lasst liegen.

Eine solche Zusammenstellung von Fragmenten schafft einen erweiterten Blick, den eines Freskos, so wie bei einem Fotoalbum, wo jedes Negativ, von Natur aus unabhängig und ein Ganzes, Anteil hat an der Herstellung eines umfassenderen Gesamteindrucks, der endlich ist durch die Zahl seiner Einzelelemente, unendlich durch das Angebot an Perspektiven, solche zum Flanieren, andere zum Nachdenken.

Halten wir noch genauer fest, dass auch in Japan solche Gruppierungen von Haiku um ein einziges Thema herum, Rensaku genannt, zu Beginn der 30er Jahre von der japanischen Bewegung der Erneuerer Yamaguchi Seishi (1901-1994), Hino Sôjô (1901-1956) und Saitô Sanki (1900-1962) ins Leben gerufen wurden. Sie versuchten damals, das traditionelle Haiku (17 Moren verteilt auf drei Segmente, eine Zäsur und ein für die Jahreszeit charakteristischer Ausdruck) an das alltägliche Leben anzupassen und den Bereich der Möglichkeiten zu erweitern, um auch über die verschiedenen Aspekte der modernen, städtischen und industriellen Welt sprechen zu können. Es ist ganz erstaunlich zu sehen, in welchem Maße bereits Vocance ein solcher Neuerer war.

Dank Vocance hat sich das französische Haiku nicht darauf beschränkt, ein blasser Abklatsch des japanischen

Haiku zu werden, und es ist auch nicht länger nur ein Jahreszeitengedicht, sondern eins aller Augenblicke. So wie Vocance von den blühenden Kirschbäumen abgerückt ist, so hat er sich den Menschen zugewandt. In aller Einfachheit, mit der Bescheidung dessen, der von weither zurückkehrt (er selbst glaubte an den Folgen seiner Verwundung zu sterben) hat er es verstanden, das Leiden an der Front und den Schrecken der Schützengräben, die Angst und die Verzweiflung, die Gräuel und die Sinnlosigkeit des Krieges in Worte zu fassen; und er hat die Kämpfenden nicht als Superhelden dargestellt, sondern als normale menschliche Wesen, kühn und gleichzeitig schwach.

In einem Erdloch bei Nacht,
Einer riesigen Armee gegenüber,
Zwei Männer.

Bei der Kurzform kommt dem Leser rasch die Rolle des Handlungsträgers zu. Die ins Auge fallende Prägnanz des Fragments soll ihn das Bild unmittelbar erkennen lassen, ohne ihm Zeit zu geben, es zu auseinanderzunehmen, zu analysieren oder die Absicht des Autors zu interpretieren. Überrascht von dem Ereignis oder vielmehr von dem, was nicht stattgefunden hat, soll er es sich allein zu eigen machen, um die Umrisse davon zu zeichnen, die reinen Fakten aufzunehmen und sie nachzuerleben. Die mangelnde Kontinuität in der Ansprache verstärkt diese Art der Wahrnehmung, indem sich bei der Lektüre eine große Freiheit anbietet, die der Autor durch die fehlenden Erwägungen, langen Beschreibungen oder Abschweifungen nicht mehr kontrollieren kann.

Vocance hat das sehr wohl verstanden. Er erteilt denjenigen im Hinterland, in der Etappe, die Ruhm und Patriotismus in endlosen Tiraden besingen, "eine geistige Lektion aus Feingefühl und Poesie"[1], die selbst ohne Lyrismus auskommt. Um die Objektivität dieser Szenen herauszustellen, hat Vocance willentlich von besitzanzeigenden Fürwörtern (mein, meine) und dem Gebrauch von „ich" abgesehen. Greift er darauf zurück, dann niemals mit dem Ziel, seine eigenen Gefühle oder Ideen einzubringen. Sein Ich wird kollektiv; es sagt ganz laut, was die anderen sich nur leise denken („ich habe die Kälte des Fallbeils gespürt", S. 97, „ich will gerne für dich meine Haut hingeben", S. 101), und so werden seine Haiku dann allgemeingültig. Jeder kann sich leicht mit dem Autor identifizieren.

Im Krankenhaus geht er schließlich so weit, dass er völlig in den Hintergrund tritt, indem er seine Verwundung einem anderen zuerkennt. Und erst am Ende der Hundert Gesichter, im Augenblick der Demobilisation, bringt er seine eigenen Gefühle zum Ausdruck.

> Mich hat's am Hintern erwischt,
> Dich im Auge,
> Du bist ein Held, ich kaum.

Dieses Zurücktreten lag ihm sehr am Herzen. Er tauschte seine Eindrücke zur Kunst oft mit der Malerin Madeleine Luka aus. Und in einem Brief vom 3. August 1934 hat er seine Ansichten darüber näher erläutert: „Um etwas von einigem Wert zu schaffen, muss man, wie mir scheint, zunächst von sich selbst ausgehend zu einer Art Beschwörungsformel kommen, eine feste Vorstellung gewinnen. Dann erst holt man das Beste aus sich heraus, das, was allein die anderen interessieren kann, weil sie sich selbst darin wiederfinden. Der Rest ist nichts als belanglose Verfahrenstechnik, so perfekt sie auch sein mag, wenn man nicht von ihr als solcher absieht, sich so von ihr freimacht."

---

[1]Émile Vuillermoz, *Eine Lektion* (Une leçon) – Die Zeit (Le temps), 28. Mai 1916.

Auffinden
Bei den einfachsten Dingen
Parzellen der Ewigkeit.

Blaise Cendrars behauptete in seinen Rundfunkgesprächen mit Michel Manoll: „Man ist entweder Kämpfer oder Schriftsteller. Wenn man schreibt, kämpft man nicht mit Gewehrschüssen und wenn man Schüsse abfeuert, schreibt man nicht, man schreibt nachher." Vocance hat das Gegenteil bewiesen. Die Unscheinbarkeit des Haiku wurde ihm quasi zu einem wirkungsvollen Instrument gleich im Gelände. Er brauchte keine dicken Kladden oder lange Stunden in der Abgeschiedenheit. Ganz gleich was für ein Aufhänger, immer ist er für ihn Anlass, um die Ereignisse auf der Stelle festzuhalten. Erst später, fernab vom Kanonenlärm, wird das zu Papier Gebrachte präzise ausgefeilt, um zum Kern der Sache vorzustoßen und das zu Bezeugende ebenso lebendig wie ergreifend wiederzugeben.

Die Kritik hat im übrigen dieses Verfahren einhellig begrüßt. Ob in Zeitschriften oder Journalen, Vocance' Haikai fanden im ganzen Land und auch außerhalb Frankreichs Verbreitung, so in Deutschland - Poesie kennt keine Grenzen -, wo am 24. Juni 1916 Die Vossische Zeitung dieser „neuen französischen Gedichtform" ihre Ehre erwies. Und in der Tat, die Haikai von Vocance hatten durchaus teil an der Erneuerung der Lyrik, weil er nämlich absah von den klassischen Prinzipien der Schönheit und Harmonie zugunsten einer gewissen, rein äußerlichen Gewalt. Sind nicht seine Fragmenta Scherben, Bruchstücke, Splitter dieser vom Krieg verwüsteten Menschheit?

Selbst Paul-Louis Couchoud, der das Haiku in Frankreich eingeführt hat, hielt nicht mit Lob zurück in einem an Julien Vocance adressierten Brief vom 7. Juni 1917 - wahrscheinlich nach dem Erscheinen von *Phantome von gestern und heu-*

te (Fantômes d'hier et d'aujourd'hui) in *Die große Zeitschrift* (La Grande Revue) von Mai 1917 -: „Sie sind sehr schön Ihre neuen Haikai. Nie habe ich das Wesen dieser kleinen Gedichte besser gespürt, ihre unermessliche Spannweite. Die Kriegshaikai sind direkt und ergreifend; die sehr persönlichen Haikai sind bewundernswert synthetisch und haben unendlich viel Nachhall. [...] Sie sind wie Geschosse. Man drückt einfach ab, trifft ins Schwarze oder schießt vorbei. Reden bringt da rein gar nichts."

Und einige Jahre später fügt er am 4. Mai 1924 hinzu: „Sie haben das französische Haikai zu den Gipfeln der Poesie geführt. Sie haben daraus ein Instrument absoluter Aufrichtigkeit, reiner Substanz, wesentlicher, starker Mitteilung gemacht und darin den reinsten Balsam des Herzens eingeschlossen. Welche Überraschung, welch ein Entzücken für mich, die Geburt eines poetischen Genres zu erleben, so nackt und bloß, so neu, so laut und deutlich! Und wenn man dann noch bedenkt, dass aus dem einen wilden Samenkorn, das ich aus Japan mitgebracht habe, diese kräftige Ähre gewachsen ist!"

Ganz nah bei dem Fiebernden
Die Kartenspieler:
Es wird neu gemischt.

Wieder zu Hause, blieben einige Eingezogene für ihr Leben lang traumatisiert. Man sprach damals noch nicht vom posttraumatischen Stresssyndrom oder von virtuellen, psychologischen Assistenten, von Videospielen, wie sie von dem amerikanischen Mediziner Albert Rizzo entwickelt wurden, um Soldaten zu helfen, ihre Störungen zu behandeln, und genauso überließ man all die Zivilisten, die auf ein Töten zum reinen Überleben unvorbereitet waren, einfach ihren Leiden, ihren Albträumen, ihren Wahnvorstellungen.

Schreiben, nur um Zeugnis abzulegen, konnte für sie eine Art Katharsis sein. So wie es diese Anthologie bestätigt, sind einige Poeten mit mehr oder weniger Geschick in den 20er Jahren dem Beispiel von Vocance gefolgt, und zwar in dem Moment, wo das französische Haiku sich dank der vereinten Anstrengungen von Couchoud und Vocance entfaltete, denen sich dann noch Jean Paulhan und René Maublanc anschlossen.

Uns lehren ihre Momentaufnahmen mehr als lange Geschichtsstunden das Leben in den Schützengräben und halten für alle Ewigkeit die Eigenart dieser „geopferten Generation" fest, dieser Männer, die ihr Leben an der Front gelassen haben, als Kriegsversehrte heimgekehrt sind oder für immer aus dem Gleichgewicht gebracht wurden.

Zu ihrem Gedächtnis – denn wir haben kein Recht, sie zu vergessen – habe ich diese Haiku aus dem Ersten Weltkrieg zusammengetragen, Zeugnisse einer zerstückelten Menschheit, von denen einige unbekannt, andere unveröffentlicht geblieben sind.

Für den Vierjährigen
Sind die Verwundeten Knallbonbons
Und Schaumweinschalen.

Dominique Chipot